全国智力障碍儿童康复专项培训推荐用书

智力障碍儿童奥尔夫音乐活动集

湖南省残疾人康复研究中心组织编写

主　编　陈夏尧　李利君　李　琼

副主编　廖　丹

编写人员（以姓氏笔画为序）

马世雄　王　虹　王娟平

中南大学出版社
www.csupress.com.cn
·长沙·

图书在版编目(CIP)数据

智力障碍儿童奥尔夫音乐活动集／陈夏尧，李利君，李琼主编. —长沙：中南大学出版社，2023.4

ISBN 978-7-5487-5287-5

Ⅰ. ①智… Ⅱ. ①陈… ②李… ③李… Ⅲ. ①智力障碍—儿童教育—音乐教育—研究 Ⅳ. ①G764

中国国家版本馆 CIP 数据核字(2023)第 038237 号

智力障碍儿童奥尔夫音乐活动集

ZHILI ZHANGAI ERTONG AOERFU YINYUE HUODONGJI

陈夏尧　李利君　李琼　主编

□出 版 人	吴湘华	
□责任编辑	刘　莉	
□责任印制	唐　曦	
□出版发行	中南大学出版社	
	社址：长沙市麓山南路	邮编：410083
	发行科电话：0731-88876770	传真：0731-88710482
□印　　装	湖南鑫成印刷有限公司	

□开　　本	787 mm×1092 mm 1/16	□印张 8.5	□字数 205 千字	□插页 1
□版　　次	2023 年 4 月第 1 版		□印次 2023 年 4 月第 1 次印刷	
□书　　号	ISBN 978-7-5487-5287-5			
□定　　价	39.80 元			

前　言

　　为了解决智力障碍儿童(以下简称儿童)在教学活动中主动性、参与性、互动性不足,注意力不集中等问题,2015 年以来,湖南省残疾人康复研究中心(以下简称中心)智力残疾儿童康复科孜孜以求、潜心钻研、大胆实践,充分利用奥尔夫音乐教育体系独特的教学理念和多元的教学手段,在儿童奥尔夫音乐教学活动中嵌入个别化康复教学目标,融合情景式操作、角色式游戏、原创式乐曲、分层式设计与个性化支持,激起儿童的兴趣,引发儿童主动参与、积极互动的动机,维持儿童的专注力,帮助儿童建立连接感、胜任感和自主感,促进儿童全面和谐健康发展。《智力障碍儿童奥尔夫音乐活动集》是中心七年来不断探索—实践—再探索—再实践的成果之一。

　　《智力障碍儿童奥尔夫音乐活动集》秉承奥尔夫音乐教育体系原本性的理念,充分关注儿童内心世界的开发,将不同领域层级递进的能力目标渗透进内容与环节,并通过歌、舞、乐、演、画等丰富的表现形式反复实践,给儿童提供全面、丰富、综合的审美体验机会;聚焦儿童完整的知识能力框架中具体、明确的即兴,以及丰富环境刺激和整体音乐框架中自由、鼓励、支持之下的即兴,给儿童充分的主动展示机会;多元塑造因人而异的层级框架,从不同目的、不同功能的活动环节充分激发儿童参与的动机,让儿童在先备能力活动的参与中产生愉悦性舒适感,在发展能力活动的参与中产生挑战性成就感。

《智力障碍儿童奥尔夫音乐活动集》从儿童喜闻乐见的动物、植物两个版块构建了四个横向单元主题、二十个纵向音乐活动，涵盖四十个重点目标、二十四首童趣化乐曲、二十个趣味性操作活动、二十个生动性情景创设，贯通动作感知、乐器操作、游戏互动、语言表演、绘画练习实施教学，通过身体动作感知音乐、乐器操作熟悉音乐、互动游戏运用音乐，由浅及深建立儿童与音乐的连接；通过常见奥尔夫乐器的使用到生活中丰富多彩物品的选择，由少及多建立音乐与生活的连接；通过师生—同伴、固定—移动、双人—集体三线一体的互动方式，由简到繁增强儿童多维度互动。本书版面设计清晰简明，方便阅读；音乐选材专业系统，脉络清晰；活动内容全面详细，指导性强；活动练习多元实用，操作性强。

　　本书编写历时三年，其间受到了德国奥尔夫音乐协会特级教师芭芭拉·顺娜沃夫老师培训案例、中国音协奥尔夫专业委员会早期教育中心副主任宋丹老师"空中课堂"视频案例、中国台湾陈世芬老师奥尔夫师资培训案例的启发，得到了中国残联社会服务指导中心综合处处长陈夏尧、湖南国际教育科学院奥尔夫研究所主任陈跃辉、南京特殊教育师范学院儿童音乐治疗专业教师杨畅的教学指导，集结了中心智力残疾儿童康复科团队智慧，才让本书在王虹老师充满童趣的精美的画笔下，在马世雄老师创作的悦耳动听的乐曲中，在李琼、廖丹老师新颖独特的编撰下，通过三年的实践打磨已具雏形。由衷感谢这些研究成果的作者和指导专家，感谢中心领导对"智力障碍儿童奥尔夫音乐实验班"的成立以及相关研究工作的推进给予的大力支持，感谢此活动集的正副主编和全体编写人员在编写过程中亲密协作。由于是首版编写，加之编写者水平有限，书中难免有疏漏不当之处，编写组成员殷切恳请各位专家、同仁不吝指正，以便我们日后修订和完善。

编者

2022 年 12 月

目 录

快乐农场

活动序号	活动名称	音乐选材	活动重点
活动一	小鸡和小鸭	《小鸡和小鸭》	配对相同的乐器、相同的颜色
活动二	母鸡下蛋	《大母鸡》	认识红色，仿唱三字句儿歌
活动三	小鸭不见了	《五只小鸭》	五以内点数，理解捉迷藏的游戏规则
活动四	狐狸来了	《鸭子和狐狸》	连续跨越障碍物，区分大小
活动五	是谁在敲门	《是谁在敲我的门》	表达自己的名字，用"你好"表示问候
活动六	好朋友聚会	《我们都是好朋友》	理解动词，仿唱歌曲

活动一

小鸡和小鸭

情景描述

　　农场主爷爷邀请小动物们到家里聚会，小动物们都收到了农场主爷爷的邀请。小鸡叫叫和小鸭瑶瑶是好朋友，它们准备一起去农场主爷爷家做客。

操作活动

小鸡小鸭找朋友——连线配对相同颜色的小鸡和小鸭做朋友。

音乐曲词

小鸡和小鸭

1 = C 2/4
中板稍快 ♩=90

3̲ 5̲	5̲ 1̲	3	— || 3̲ 5̲	5̲ 1̲	2	— ||
小 鸡	和 小	鸭，		住 在	山 脚	下。	

| 6̲ 1̲ | 6̲ 1̲ | 2 | — || 2̲ 3̲ | 2̲ 5̲ | 1 | — || |
| 小 鸡 | 去 谁 | 家？ | | 要 去 | 小 鸭 | 家！ | |

| 5̲ 5̲ | 5 | 3̲ 3̲ | 3 || 2̲ 3̲ | 2̲ 3̲ | 5̲ 6̲ | 5 | |
| 走 走 | 走， | 走 走 | 走， | 小 鸡 | 来 到 | 小 鸭 | 家， |

| 5̲ 5̲ | 5 | 3̲ 3̲ | 3 || 2̲ 3̲ | 2̲ 3̲ | 5̲ 6̲ | 5 | |
| 咚 咚 | 咚， | 咚 咚 | 咚， | 小 鸭 | 小 鸭 | 在 家 | 吗？ |

| X | X | X | X || 2̲ 3̲ | 2̲ 3̲ | 1 | — ||| |
| 咦？ | | | | 小 鸭 | 不 在 | 家！ | |

音乐结构划分

A 部分：小鸡和小鸭，住在山脚下。小鸡去谁家？要去小鸭家。（模仿小鸡小鸭动作）

B 部分：走走走，走走走，小鸡来到小鸭家。咚咚咚，咚咚咚，小鸭小鸭在家吗？咦？小鸭不在家。（走路、敲门、摆手动作）

乐器准备

碰铃

打棒

活动步骤	活动内容	活动目标	教具/乐曲	活动建议
大脑操	跟着音乐一起做全身的韵律活动	能跟随、模仿动作	音乐《天父的花园》	辅助个别幼儿完成动作
问候	老师唱小朋友的名字，小朋友依次与老师互动	能听到名字后做出指定的互动动作	《问候歌》	给予不同能力的幼儿不同的动作指令
一、动作感知 1.动作模仿 2.音乐律动	1."认识小动物"。通过手偶认识小鸡和小鸭及其特点。学一学表示小鸡尖尖嘴巴的手部动作，模仿"叽叽叽"的叫声；学一学表示小鸭扁扁嘴巴的手部动作，模仿"嘎嘎嘎"的叫声。引导小朋友说一说小鸡和小鸭的特点 2."身体律动"。老师口唱音乐，A部分音乐时模仿小鸡和小鸭，B部分音乐时原地模仿走和敲门，摆手做不在家的动作	1.认识小鸡和小鸭及其特点 2.模仿小鸡和小鸭的律动	1.小鸡和小鸭手偶 2.音乐《小鸡和小鸭》	1.根据幼儿能力，鼓励其模仿动作或模仿声音或引导其表达 2.按照幼儿能力做A、B部分音乐的律动
二、乐器操作 打击乐配器	1."探索乐器"。认识打棒和碰铃，小朋友自由探索。选择喜欢的乐器表演 2."配器表演"。小朋友分别扮演喜欢的动物角色，"小鸡"拿一个碰铃，"小鸭"拿一个打棒，两排面对面坐。A部分音乐时模仿动作，B部分音乐时被唱到的动物走到对面找到一样的乐器敲击，一起表演	1.选择喜欢的乐器模仿发出有节奏的声音 2.找到一样的乐器配对完成合作敲奏	打棒、碰铃	1.按照乐器掌握的难易程度分组指导 2.按照能力强弱设计走和坐的活动要求
三、游戏互动 1.坐位双人互动 2.移动双人互动	1."小鸡小鸭做律动"。小朋友两两一组面对面，听音乐做身体律动，在听到"咚咚咚"敲门声音的时候两人互相碰手掌(拳头/手指/手背)等发出声音 2."小鸡找小鸭"。活动室中间摆红、黄圆圈，分别站小朋友扮演的小鸡或者小鸭；其他小朋友两两一组手拉手根据老师的颜色牌提示，A部分音乐时做律动，B部分音乐时看颜色提示牌到指定圆圈内找"小鸡"或"小鸭"抱在一起；没有找到朋友的暂时停止游戏	1.能找到喜欢的同伴拍手互动 2.能看颜色牌找到指定颜色圆圈	红、黄圆圈及颜色牌	按照能力强弱搭配成组
结束	老师唱歌词中的内容，小朋友手拉手	对音乐中的动作指令作出反应	《再见歌》	鼓励幼儿创造动作

活动二

母鸡下蛋

情景描述

　　小鸡叫叫和小鸭瑶瑶路过大母鸡妈妈的门口，问鸡妈妈怎么不去参加农场主爷爷的聚会呢？原来它正在孵蛋宝宝。

操作活动

给蛋宝宝涂色——找到鸡蛋宝宝，涂上喜欢的颜色。

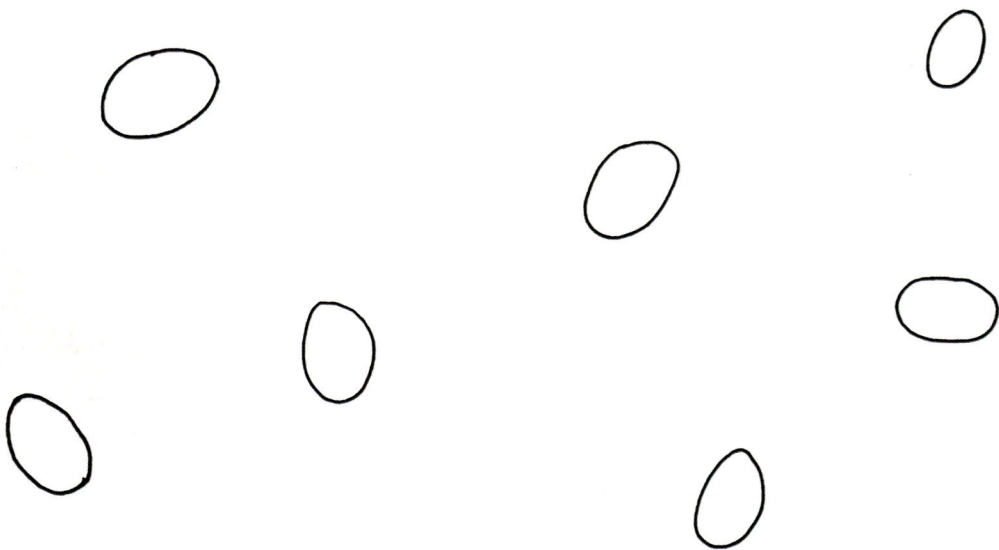

音乐旋律

大母鸡

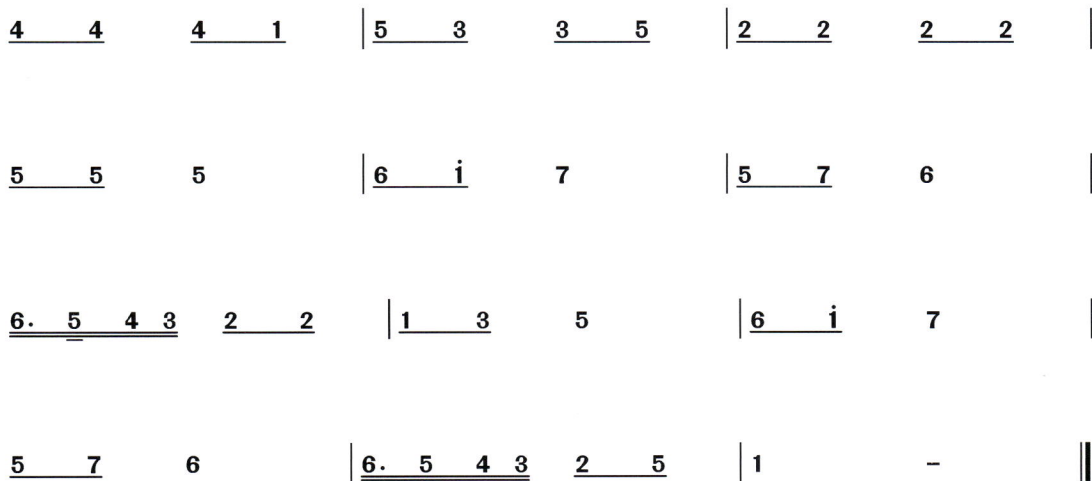

音乐结构划分(参考歌词)

A 部分：大母鸡，爱下蛋。(抬手臂做大母鸡下蛋动作)

B 部分：咯哒咯哒一小罐。(双腿打开做鸡蛋掉下来动作)

乐器准备

沙蛋

活动步骤	活动内容	活动目标	教具/乐曲	活动建议
大脑操	跟着音乐一起做全身的韵律活动	能跟随、模仿动作	音乐《天父的花园》	肢体辅助个别幼儿完成动作
问候	老师唱小朋友的名字，小朋友依次与老师互动	能听到名字后做出指定的互动动作	《问候歌》	给予不同能力的幼儿不同的动作指令
一、动作感知 1.动作模仿 2.说儿歌	1."母鸡妈妈爱下蛋"。认识母鸡，知道公鸡打鸣"喔喔"、母鸡下蛋"咯咯哒"的特性；引导小朋友说一说、学一学母鸡怎么下蛋 2."你说我做"。通过模仿念儿歌，结合儿歌的内容动作记忆儿歌。老师念儿歌，小朋友做动作；交换任务，小朋友说，老师做动作	1.认识母鸡以及下蛋的特点 2.能根据儿歌模仿对应的动作	母鸡手偶、鸡蛋模型	1.动作辅助个别幼儿完成动作 2.能力较弱的幼儿可以用动作表演儿歌
二、乐器操作 乐器配器	1."探索乐器"。认识不同颜色的沙蛋，模仿摇一摇沙蛋，控制动作发出有节奏的声音 2."配器表演"。结合母鸡下蛋的特点，在儿歌中运用沙蛋，小朋友坐位把不同颜色的沙蛋放在腿间夹住，A部分音乐时拍手念儿歌，B部分音乐时"咯哒咯哒一小罐"念完后老师说对应颜色名，夹着指定颜色沙蛋的小朋友打开双腿让沙蛋掉下来	1.能模仿使用沙蛋 2.能认识颜色	沙蛋	按照能力要求小朋友说喜欢的颜色或找出指定的颜色
三、游戏互动 1.坐位双人互动 2.站位集体互动	1."鸡妈妈下蛋"。小朋友两两一组面对面坐，选择由一人先拿沙蛋，A部分音乐时念儿歌做动作，B部分音乐时"咯哒咯哒一小罐"念完后把沙蛋藏在另一个小朋友身上；交换角色进行游戏 2."捡鸡蛋"。一组小朋友围圈站，双腿分别夹红色、黄色和蓝色沙蛋，一名小朋友站中间拿三个颜色篮子念儿歌，站圈小朋友A部分音乐时拍手模仿念儿歌，B部分音乐时拍腿模仿念儿歌，"咯哒咯哒一小罐"念完后跳起来让沙蛋掉出来，中间小朋友把沙蛋捡起来放到对应颜色的篮子里。完成任务的小朋友得到奖励，没有完成分类的小朋友被替换	1.能同伴间进行任务交换 2.能进行红色、黄色、蓝色的鸡蛋分类	红色、黄色、蓝色的沙蛋和三个相同颜色的篮子	1.按照能力强弱搭配成组 2.颜色区分较好且能表达儿歌的幼儿先当捡鸡蛋的角色
结束	老师唱歌词中的内容，小朋友手拉手	对音乐中的动作指令作出反应	《再见歌》	鼓励幼儿创造动作

活动三

小鸭不见了

情景描述

　　小鸡叫叫和小鸭瑶瑶看到了鸭妈妈带着一群鸭宝宝出门，原来它们也是要去农场主爷爷家里。鸭宝宝们跟着鸭妈妈在河里一边游一边玩耍，可开心了！

操作活动

找鸭妈妈的影子——帮助鸭妈妈在五只鸭子的阴影轮廓中找到自己的影子，然后圈出来。

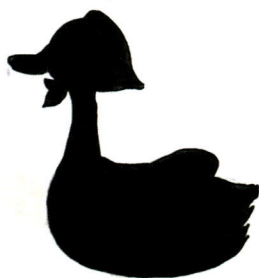

音乐曲词

五只小鸭

词：周玉君
曲：周玉君

1 = C 4/4

5 5	3 6	5 5	3	5 5	3 6	5 5	3
五 只	小 鸭	跟 着	妈，	摇 摇	摆 摆	去 玩	耍，

5 5	3 6	5 5	3 3 4	5 4	3 2	1	−
五 只	小 鸭	跟 着	妈 怎 么	一 只	不 见	了？	
				两 只	不 见	了？	
				三 只	不 见	了？	
				四 只	不 见	了？	
				全 都	不 见	了？	

x	x	x	x	5 4	3 2	1	−
一只	两只	三只	四只	四 只	小 小	鸭。	
一只	两	只	三只	三 只	小 小	鸭。	
一	只	两只	只	两 只	小 小	鸭。	
		只		一 只	小 小	鸭。	
0	0	0	0	没 有	小 小	鸭。	

音乐结构划分

　　A 部分：五只小鸭跟着妈，摇摇摆摆去玩耍，五只小鸭跟着妈，怎么一只/两只/三只/四只/全都不见了？（做小鸭子走路、点数的动作）

　　B 部分：一只/两只/三只/四只，四只/三只/两只/一只/没有小小鸭。（唱数）

乐器准备

刮胡(蛙鸣筒)

活动步骤	活动内容	活动目标	教具/乐曲	活动建议
大脑操	跟着音乐一起做全身的韵律活动	能跟随、模仿动作	音乐《天父的花园》	肢体辅助个别幼儿完成动作
问候	老师唱小朋友的名字，小朋友依次与老师互动	能听到名字后做出指定的互动动作	《问候歌》	给予不同能力的幼儿不同的动作指令
一、动作感知 1.动作模仿 2.感知音乐	1."小鸭子走路"。通过描述了解小鸭子走路的特点，学一学小鸭子走路 2."点一点数量"。口唱音乐，老师示范鸭妈妈走路，手上戴小鸭子指套，B部分音乐时随机将小鸭子指套藏在小朋友身上。引导点数剩下的小鸭子指套	1.能表达鸭子的特点 2.能点数鸭子数量	1.鸭子手偶 2.鸭子手指套	1.按照能力引导小朋友表达或者模仿 2.鼓励能力较强的幼儿跟随老师唱歌曲或者点数鸭子数量
二、乐器操作 打击乐配器	1."探索乐器"。认识刮胡，尝试用敲、刮的动作让乐器发出声音；模仿使用刮胡刮奏唱数部分 2."看图使用乐器"。出示鸭子躲藏的操作画，根据歌曲依次把鸭子盖住，A部分音乐时敲乐器，B部分音乐时老师引导小朋友看图刮奏剩下的数量	1.能模仿使用刮胡 2.能使用挂胡刮奏对应的数量	1.刮胡 2.鸭子图画	按照能力给予动作或者语言的提示
三、游戏互动 1.坐位三人互动 2.自由移动集体互动	1."小鸭跳水"。选择颜色一样的彩色脚套戴在脚掌上，变成小鸭子，A部分音乐时围着彩色地垫走，根据小朋友人数唱"小鸭子"数量。当唱到"怎么一只不见了"，被点到的"小鸭子"跳到与脚掌对应颜色的区域。B部分音乐时点数剩下的"小鸭子"数量 2."小鸭捉迷藏"。选择一个小朋友当鸭妈妈，A部分音乐时"小鸭子"自由地跟"鸭妈妈"一起散步，"怎么一只不见了"时，由"鸭妈妈"点到的"小鸭子"找到地方躲起来。B部分音乐时点数剩下的"鸭子"数量。所有的"鸭子"藏起来后由"鸭妈妈"找出来	1.能配对脚套颜色和地垫颜色区域 2.能理解"躲起来"的游戏规则	1.彩色脚套、彩色地垫 2.可以躲藏的环境布置	1.按照能力设计被点到的先后顺序 2.鼓励能力较强的幼儿当"鸭妈妈"唱歌曲
结束	老师唱歌词中的内容，小朋友手拉手	反应音乐中的动作指令	《再见歌》	鼓励幼儿创造动作

活动四

狐狸来了

情景描述

　　小鸭宝宝贪玩走散了，它们自己在树林里一边走一边找妈妈。突然，大树的后面露出了一只狐狸的尾巴，原来是狐狸来了。

操作活动

狐狸走迷宫——狐狸走迷宫找到躲起来的小鸭子。

音乐旋律

鸭子和狐狸

$1 = {}^\flat E$ $\frac{2}{4}$
中板稍快

```
0  5        3  |4  3   2  1  |1       3   |5.          6 7 |

1       5    |5  4   3  2  |3  2   3  4  |5       —   |

0  4        3  |2  3   4  6  |5       6   |7       —   |

1  5   3  5  |4  3   2  3  |1       5.  |1       —   ‖
```

音乐结构划分

A 部分：（做小鸭子慢慢走的动作）

B 部分：（做小鸭子由慢到快跑的动作）

乐器准备

方梆子

活动步骤	活动内容	活动目标	教具/乐曲	活动建议
大脑操	跟着音乐一起做全身的韵律活动	能跟随、模仿动作	音乐《天父的花园》	肢体辅助个别幼儿完成动作
问候	老师唱小朋友的名字，小朋友依次与老师互动	能听到名字后做出指定的互动动作	《问候歌》	给予不同能力的幼儿不同的动作指令
一、动作感知 1.动作模仿 2.感知音乐	1."小鸭子散步"。描述情景，做一做小鸭子散步动作。设置疑问："狐狸来了小鸭子要怎么办?"引导小朋友说一说。音乐中老师做慢慢走和快快跑的动作 2."狐狸来了"。设置平衡木和障碍物情景，A部分音乐时在平衡木上面走，B部分音乐时连续跨过障碍物跑；老师扮演狐狸追逐，音乐停止，小朋友扮演的鸭子坐回小椅子上	1.能根据音乐快慢节奏做不同动作 2.能走平衡木 3.能连续跨越障碍物	平衡木、高低不同的障碍物	按照能力设置高低不同的障碍物
二、乐器操作 乐器探索	1."认识乐器"。认识方梆子，小朋友使用打棒按照大、小、快、慢不同的声音要求敲奏 2."生活乐器探索"。使用一根打棒，想一想怎么样让它发出有节奏的声音(敲桌子、椅子等硬的物体)	1.能使用方梆子敲快慢节奏 2.能发现方梆子的多种玩法	方梆子	按照不同能力，引导幼儿发现和表达或模仿
三、游戏互动 1.坐位双人互动 2.移动集体互动	1."点点快慢"。小朋友找到好朋友两两一组，面对面坐，分别扮演鸭子和狐狸。A部分音乐时"小鸭子"在另一小朋友的身体上用不同轻重的力度点点手指；B部分音乐结束时，老师说"抓"，扮演狐狸的小朋友抓对方的手，以是否抓住定胜负 2."小鸭快跑"。设计大圈和小圈的安全区域。地上画点、线和圈，节奏慢的时候小朋友沿着点走，快的时候沿着线跑，音乐停止，老师说"抓大圈"或者"抓小圈"的时候，小朋友跳到对应的大、小圈里。没有跳对的小朋友被"狐狸"抓走，暂停游戏	1.能理解胜负游戏规则 2.能区分大小	1.鸭子、狐狸头饰 2.地贴、大小圆圈	1.按照能力强弱搭配成组 2.按照能力强弱给予动作或语言提示
结束	老师唱歌词中的内容，小朋友手拉手	对音乐中的动作指令作出反应	《再见歌》	鼓励幼儿创造动作

活动五

是谁在敲门

情景描述

　　小鸡和小鸭终于来到了农场主爷爷的家里，还有小狗、小猫也到了。小动物们非常有礼貌地排队敲门，等着老爷爷开门。

操作活动

听声音圈一圈——根据听到的乐器声音圈出乐器。
（打棒、三角铁、刮胡、沙蛋、碰铃）

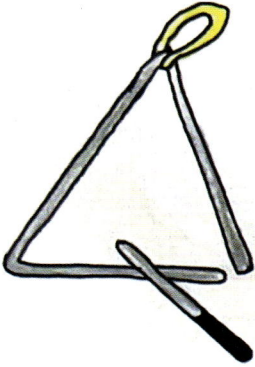

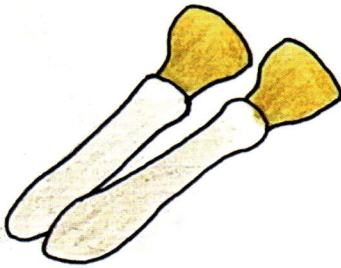

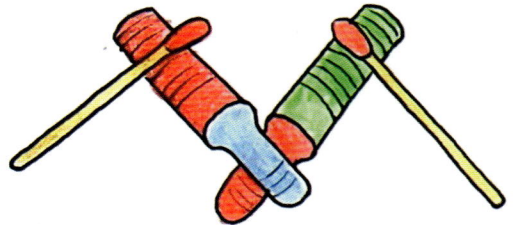

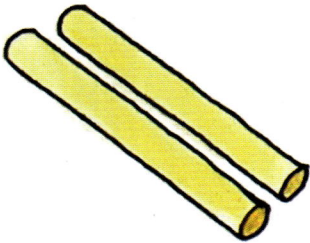

音乐曲词

是谁在敲我的门

词：张雅菀
曲：张雅菀

1 = C 4/4

```
3  3    2  1    3  5    5    |  3 3 3 3  2 2 2   1      0    |
是  谁   在  敲   我  的   门?     让 我 们 来  听 一 一   听!
```

```
3  3    2  1    3  5    5    |  3 3 3 3  2 2 2   1      0    |
是  谁   在  敲   我  的   窗?     让 我 们 来  听 一 一   听!
```

```
X       X       X      X    |  X       X       X      X    |
（即兴）                         （回应）
```

```
3 3 3 3  2 2 2   1      0    |  3 3 3 3  2 2   1      0    ‖
让 我 们 来  听 一   听!          让 我 们 来  听 一   听!
```

音乐结构划分

A 部分：是谁在敲我的门/是谁在敲我的窗？（做敲一敲的动作）

B 部分：让我们来听一听！（做听一听的动作）

乐器准备

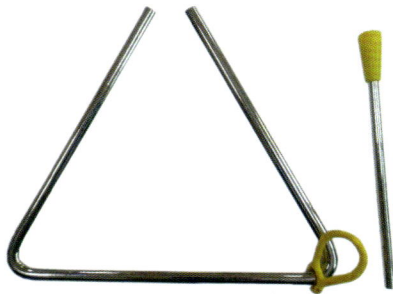

三角铁

活动步骤	活动内容	活动目标	教具/乐器	活动建议
大脑操	跟着音乐一起做全身的韵律活动	能跟随、模仿动作	音乐《天父的花园》	肢体辅助个别幼儿完成动作
问候	老师唱小朋友的名字，小朋友依次与老师互动	能听到名字后做出指定的互动动作	《问候歌》	给予不同能力的幼儿不同的动作指令
一、动作感知 1.动作模仿 2.感知音乐	1."认识动物角色"。认识小鸡、小鸭、小狗、小猫等动物及其基本特点。说一说自己想要扮演的动物，模仿小动物的动作出场 2."敲敲门"。老师扮演老爷爷，在A部分音乐时随机走到小朋友面前，拿双手手掌挡住自己的脸，小朋友做敲的动作；B部分音乐时小朋友说"我是×××"。回答出来后，老师打开手掌抱一抱小朋友	1.能表达自己想要扮演的动物名称 2.能回答自己扮演动物的名字，完成对话	小动物头饰、门窗的造型板	1.能力较强的幼儿可以表达动物名称及动作特点 2.能力较弱的幼儿模仿表达
二、乐器操作 打击乐配器	1."自由选择乐器"。选择自己喜欢的乐器，学一学怎么使用，模仿用乐器敲出自己名字的节奏 2."乐器伴奏"。A部分音乐时老师或者小朋友唱歌，B部分音乐老师唱完后，小朋友用乐器打节奏回答"我是×××"。回答正确的可以被邀请进门	1.能选择自己喜欢的乐器 2.能使用乐器敲奏自己的姓名节奏	打棒、三角铁、刮胡、沙蛋、碰铃	可以引导能力较强的幼儿表达姓名和年龄等
三、游戏互动 1.坐位集体互动 2.规律移动集体互动	1."唱一唱歌曲"。小朋友扮演老爷爷，A部分音乐时在"房子"里面唱"是谁在敲我的门（窗）？让我们来听一听"，B部分音乐时其他小朋友回答"你好，我是×××"。回答出来后，老爷爷便打开门 2."猜猜是谁"。小朋友围坐成一个圈，变成小房子，一名小朋友蒙眼在中间，外圈小朋友敲物发出声音，中间的小朋友唱A部分音乐，B部分音乐时敲出声音的小朋友回答"你好，我是×××"。站在中间的小朋友根据声音找到发声的小朋友	1.能表达自己的名字 2.能正确用"你好，我是某某"句型表达	蒙眼布、小房子情景布置	1.按照能力要求幼儿表达姓名或者叠音的小名 2.鼓励能力较强的幼儿表达问候和介绍自己
结束	老师唱歌词中的内容，小朋友手拉手	反应音乐中的动作指令	《再见歌》	鼓励幼儿创造动作

活动六

好朋友聚会

情景描述

　　农场里的小动物们都到了，大家相互认识，一起玩耍，可开心啦！

操作活动

听声音找朋友——听小动物的声音，找到对应的小动物涂色。

音乐曲词

我们都是好朋友

曲：德国
词：陈世芬、张雅菀

1 = D 4/4

```
3        2       1  1   5̣  | 3  3   2  2   1  1   5̣  |
啦       啦      啦 啦 啦，  我 们   都 是   好 朋   友，

4  4   2  2   5  5   3   | 4  4   2  2   5  5   3   |
请 你   跟 我   敬 个   礼，  我 会   跟 你   敬 个   礼，

3        2       1  1   5̣  | 3  3   2  2   1    —   ‖
啦       啦      啦 啦 啦，  都 是   好 朋   友！
```

音乐结构划分

A 部分：啦啦啦啦啦，我们都是好朋友。(转手腕)

B 部分：请你跟我敬个礼 (拍拍手等)，我会跟你敬个礼 (拍拍手等)，啦啦啦啦啦，都是好朋友。(根据唱词做动作)

乐器准备

铃鼓

25

活动步骤	活动内容	活动目标	教具/乐器	活动建议
大脑操	跟着音乐一起做全身的韵律活动	能跟随、模仿动作	音乐《天父的花园》	肢体辅助个别幼儿完成动作
问候	老师唱小朋友的名字，小朋友依次与老师互动	能听到名字后做出指定的互动动作	《问候歌》	给予不同能力的幼儿不同的动作指令
一、动作感知 1. 动作模仿 2. 感知音乐	1. "好朋友一起玩"。农场主爷爷跟小朋友们一起做朋友。A 部分音乐：转手腕。B 部分音乐："请你跟我×××"，小朋友快速反应做指定的动作 2. "动作创造"。引导小朋友想一想，跟好朋友在一起还可以做什么互动的动作。找到想要一起玩的小朋友面对面坐下，播放音乐，老师跟小朋友一起完成他们创作的动作表演	1. 能根据指令做动作 2. 能自己即兴做互动动作	音乐	1. 按照能力强弱搭配成组 2. 鼓励幼儿自主创造，可分能力给予动作或语言提示
二、乐器操作 操作乐器	"玩乐器"。认识铃鼓的拍、敲、摇玩法。听音乐 A 部分做律动，B 部分"请你跟我×××（拍/敲/摇）"，小朋友以正确的动作操作铃鼓	能理解"拍""敲""摇"动词	铃鼓	按照能力强弱或做动作或表达动名词
三、游戏互动 1. 站位双人互动 2. 规律移动集体互动 3. 自由移动位集体互动	1. "好朋友舞蹈"。小朋友面对面站在视觉提示圆点上，A 部分音乐时相互拉手，B 部分时与同伴完成互动动作 2. "交换朋友"。小朋友面对面在圆点上围成内外圈站好，第一遍动作时与对面小朋友互动；第二遍时内圈小朋友不动，外圈小朋友顺时针移动一个圆点交换同伴互动 3. "找朋友"。小朋友在 A 部分音乐时自由走动，在 B 部分音乐老师提问"请你跟我×××"时回答自己要用什么动作，然后做击掌、拥抱等即兴互动动作。主动说动作的小朋友成为领导者带领大家跳舞	1. 能在固定站位与同伴互动 2. 能在集体互动中按照规律移动 3. 能主动表达动词	蒙眼布、小房子情景布置	1. 按照能力强弱搭配成组 2. 能力较弱的幼儿在内圈 3. 按照能力强弱或安排走动或站立位等待
结束	老师唱歌词中的内容，小朋友手拉手	反应音乐中的动作指令	《再见歌》	鼓励幼儿创造动作

主题二

森林舞会

活动序号	活动名称	音乐选材	活动重点
活动一	小动物们来了	《一起来赛跑》	模仿动物活动方式，学习合作表演
活动二	小鱼游	《Sa Sha》	区分方位，学习手指游戏
活动三	蛇之舞	《浪漫之旅》	辨别长短，双手交替活动
活动四	小熊跳舞	《小熊跳舞》	辨认形状，双脚跳
活动五	动物舞会	《宾果》	配对相同动物，学习礼貌用语

活动一

小动物们来了

情景描述

　　森林里正在举行一场舞会，小动物们听说了，都要赶过去参加。今天天气很好，小鳄鱼、小袋鼠、小蝴蝶和小鱼，它们已经准备好要去森林的大舞台表演了。

操作活动

　　小动物的家——给小动物的家涂上好看的颜色（天空、树林、草地、池塘），并且把对应的小动物贴上去。

音乐曲词

一起来赛跑

乌克兰儿歌
词：曾丽姿

1=C 4/4

| 5 5 | 6 6 | 5 5 | 3 | 5 5 | 6 6 | 5 5 | 3 |
|太|阳|公公|出|来|了，|挂在|天空|哈哈|笑，|

太 阳 公公 出 来 了， 挂 在 天空 哈哈 笑，

5 5　6 6　5 5　3　｜5 4　3 2　1　0‖
小 鳄鱼们 准 备 好， 一 起 爬呀 爬。

5 5　6 6　5 5　3　｜5 4　3 2　1　0‖
小 袋鼠们 准 备 好， 一 起 跳呀 跳。

5 5　6 6　5 5　3　｜5 4　3 2　1　0‖
小 蝴蝶们 准 备 好， 一 起 飞呀 飞。

5 5　6 6　5 5　3　｜5 4　3 2　1　0‖
小 鱼儿们 准 备 好， 一 起 游呀 游。

音乐结构划分

A 部分：太阳公公出来了，挂在天空哈哈笑。(做大圆、笑脸的动作)
B 部分：小鳄鱼/袋鼠/蝴蝶/鱼出来，一起爬/跳/飞/游。

乐器准备

铃鼓

活动步骤	活动内容	活动目标	教具/乐器	活动建议
大脑操	跟着音乐一起做全身的韵律活动	能模仿动作、完成集体互动	音乐《天父的花园》	肢体辅助个别幼儿完成动作
问候	老师唱小朋友的名字，该小朋友与老师互动。当老师唱到下一个小朋友名字时，该小朋友能找到被唱到名字的小朋友，并与其互动	能找到下一个小朋友互动	《问候歌》	能力较弱的幼儿可以由老师帮助唱同伴名字
一、动作感知 1.动作模仿 2.感知音乐	1."模仿小动物"。通过动作模仿，分别认识小鳄鱼、小袋鼠、小蝴蝶和小鱼，讨论小动物是怎么来的，模仿小动物的动作。老师口唱音乐，小朋友根据老师的提示用爬、跳、踮脚飞、小鱼游的动作出现 2."看动作卡变动物"。播放音乐，当音乐唱到"××出来了"时，老师不说话，举起四只动物中的一种，小朋友们采用与卡片对应的动作模仿动物出场。大家一起讨论爬、跳、飞、游的动物还有什么	1.模仿爬、跳、踮脚飞、扭动身体游的动作 2.能配对动物和运动方式并且模仿动作	动作卡	按照能力强弱或引导表达或给予动作提示
二、乐器操作 探索乐器	"探索铃鼓"。出示铃鼓，用同一种乐器模仿不同动物的活动方式，发出不同的声音：爬——手掌扫鼓面；跳——手指点鼓面；飞——转铃鼓；游——拨鼓片。探索乐器的不同使用方法	能使用铃鼓对四种不同的动物伴奏	铃鼓	能力较弱的幼儿可以只使用其中一种或者两种
三、游戏互动 1.师生合作互动 2.移动小组合作互动	1."小动物表演"。老师使用铃鼓表示运动方式，小朋友根据音乐进行动物的模仿表演 2."动物运动会"。一组小朋友拿喜欢的乐器当拉拉队，另一组小朋友分别扮演小鳄鱼、小袋鼠、小蝴蝶和小鱼。在A部分音乐时准备，在B部分音乐"一起×××"时敲奏乐器。"小动物"们开始用自己的方式运动比赛，看谁到达终点。获胜者得到奖励	1.能模仿不同动物运动 2.能与乐器表演组幼儿合作表演	1.小动物头饰 2.各种乐器、比赛赛道	按照能力强弱或使用乐器或表演动物
结束	老师唱歌词中的内容，小朋友手拉手	反应音乐中的互动指令	《再见歌》	鼓励幼儿自主互动

活动二

小鱼游

情景描述

　　池塘里的小鲤鱼妈妈想参加森林舞会，于是，它带着小鱼宝宝们准备出发了。

操作活动

小鱼吐泡泡——根据音乐节奏描画泡泡。

音乐旋律

Sa Sha

俄罗斯民歌

1=F 2/4

0 34 3 2 | 1̇ 6̣ 0 | 0 3 3 | 0 3 3 | 0 3 | 3 3 | 3 1 3 | 3 1 3 |

1 1 3.2 | 1 6̣ 6712 | 3 1 3 | 3 1 3 | 1 1 3.2 | 1 6̣ 6̣ | 4 4 | 3. 34 |

3 2 1 7̣ | 6̣ - | 4 4 | 3. 34 | 3 2 1 7̣ | 6̣ 0 ‖ 3 5 | i̇. 2̇ |

1=D

Fine.

i̇ 7 6 5 | 4. 3 | 2 4 | 7. 7̇i̇ | 7 6 5 4 | 34 3 2 | 3 5 | i̇. 2̇ |

i̇ 7 6 5 | 4. 3 | 2 4 | 7. i̇ | 7 5 67 | i̇ - ‖

D.C.

音乐结构划分（参考歌词）

引子部分：（做手指游戏并念）石头剪刀布

A 部分：（念白）我们一起游呀游。（拍手、拍肩膀、拍肚子等身体部位）

B 部分：（念白）吹泡泡，吹个小泡泡，吹个大泡泡。（吹泡泡的动作）

C 部分：（念白）小鱼小鱼上面游，小鱼小鱼下面游，小鱼小鱼前面游，小鱼小鱼后面游，小鱼小鱼不见了。（双手做小鱼上面游、下面游、前面游、后面游，双手藏在身后）

乐器准备

响环

活动步骤	活动内容	活动目标	教具/乐器	活动建议
大脑操	跟着音乐一起做全身的韵律活动	能模仿动作、完成集体互动	音乐《天父的花园》	肢体辅助个别幼儿完成动作
问候	老师唱小朋友的名字，该小朋友与老师互动。当老师唱到下一个小朋友名字时，该小朋友能找到被唱到名字的小朋友，并与其互动	能找到下一个小朋友互动	《问候歌》	能力较弱的幼儿可以由老师帮助唱同伴名字
一、动作感知 1. 动作模仿 2. 感知音乐	1. "石头剪刀布"。讲述情景，鲤鱼妈妈让小鱼做石头剪刀布的比赛，赢了比赛的小鱼就可以当领队站在其他小鱼前面。模仿石头剪刀布的动作，学习胜负规则 2. "小鱼游"。口唱音乐，引子部分做石头剪刀布三个动作；A部分拍身体部位，B部分做大泡泡和小泡泡的动作，C部分根据老师指令做跺脚和蹲下、向前和转身向后的动作	1. 了解石头剪刀布的规则 2. 能结合情景提示完成方位动作	音乐	根据能力强弱模仿手部动作或理解规则
二、乐器操作 操作乐器	"乐器伴奏"。小朋友拿相同颜色的两个响环，引子部分数到三，音乐A部分互碰响环，B部分摇响环，C部分双手拿响环做上下、前后、藏起的动作对应情景和音乐	听指令操作响环方位	响环	按照能力强弱分组分情景伴奏或整曲碰击响环伴奏
三、游戏互动 1. 固定位双人互动 2. 固定位集体互动游戏	1. "抓小鱼"。小朋友选择自己喜欢的同伴面对面坐，A部分音乐时石头剪刀布；B部分音乐时手拉手变大小泡泡；C部分音乐时在小鱼上下、前后游的时候分别出手掌为大鲨鱼，手指为小鱼，合作玩手掌抓手指的游戏。念到最后"不见了"时手掌要抓住同伴手指，手指则要逃脱 2. "小鱼不见了"。小朋友围成大圈站在圆形点上，引子部分通过石头剪刀布选出领导者；A部分音乐时模仿领导者拍身体部位；B部分音乐时手拉手变大圈和小圈；C部分音乐时在圆点上做跺脚、蹲下等动作。念到"不见了"时，找到地方躲起来	1. 能做抓和躲的规则性手指游戏 2. 能模仿同伴动作		1. 按照能力强弱搭配成组 2. 能力较弱的幼儿做模仿动作即可
结束	老师唱歌词中的内容，小朋友手拉手	反应音乐中的互动指令	《再见歌》	鼓励幼儿自主互动

活动三

蛇之舞

情景描述

在遥远的森林深处，一群可爱的小蛇出来跳舞了，它们扭动身体快乐地舞蹈。

操作活动

好饿的小蛇——小朋友根据老师的指令找长长的蛇或短短的蛇，并将小蛇身上的小点连起来，变成完整的蛇。

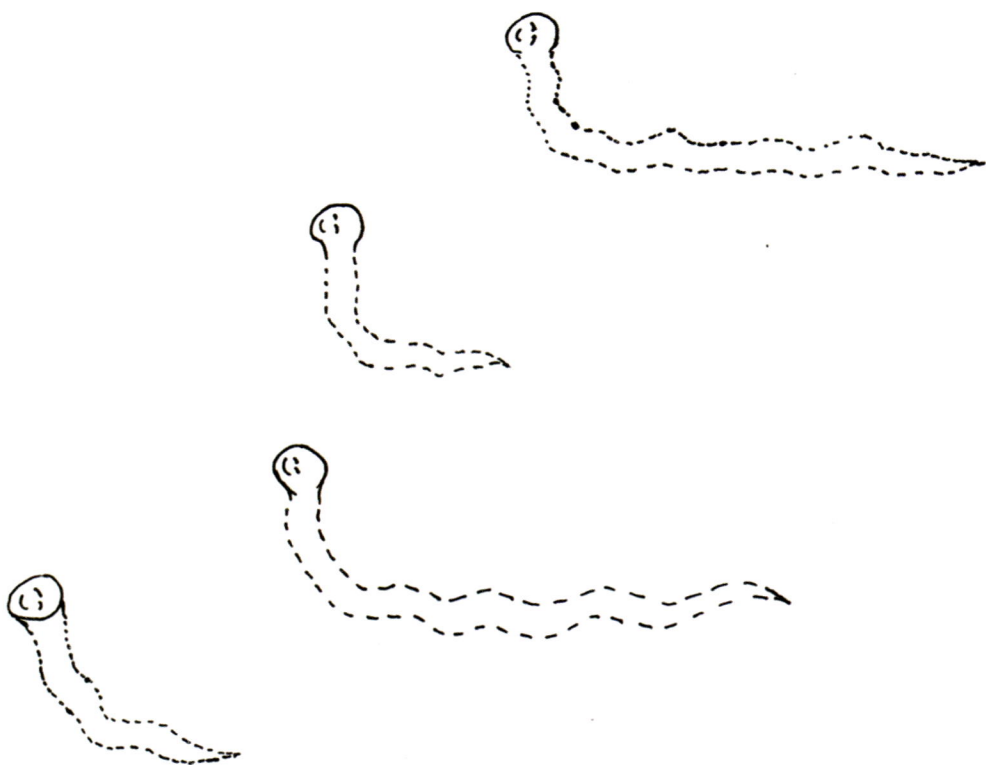

音乐旋律

<h1 style="text-align:center">浪漫之旅</h1>

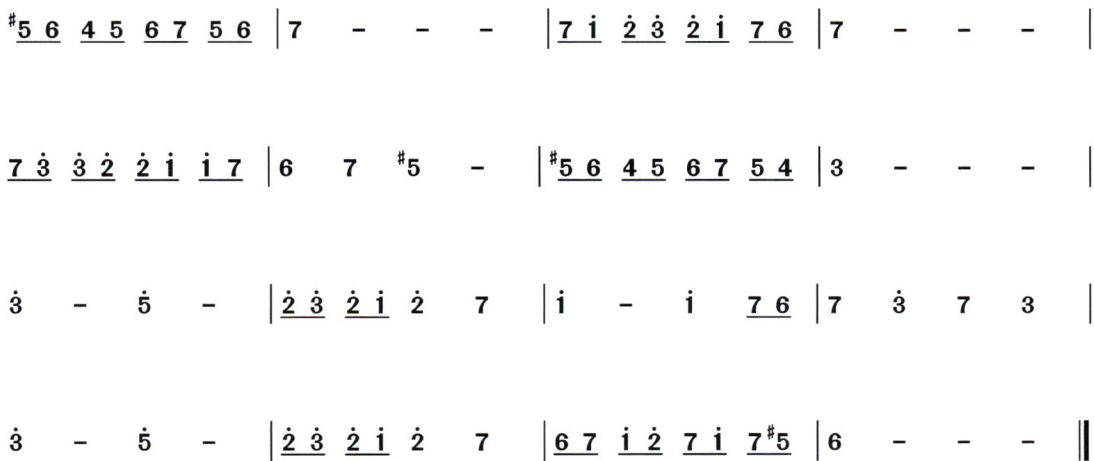

$1 = {}^\flat B$ $\frac{4}{4}$

| ♯5 6 4 5 6 7 5 6 | 7 − − − | 7 1̇ 2̇ 3̇ 2̇ 1̇ 7 6 | 7 − − − |

| 7 3̇ 3̇ 2̇ 2̇ 1̇ 1̇ 7 | 6 7 ♯5 − | ♯5 6 4 5 6 7 5 4 | 3 − − − |

| 3̇ − 5̇ − | 2̇ 3̇ 2̇ 1̇ 2̇ 7 | 1̇ − 1̇ 7 6 | 7 3̇ 7 3 |

| 3̇ − 5̇ − | 2̇ 3̇ 2̇ 1̇ 2̇ 7 | 6 7 1̇ 2̇ 7 1̇ 7 ♯5 | 6 − − − ‖

音乐结构划分

A 部分：（双手交替拍鼓）

B 部分：（双手转手腕）

乐器准备

非洲鼓

集合鼓

活动步骤	活动内容	活动目标	教具/乐器	活动建议
大脑操	跟着音乐一起做全身的韵律活动	能模仿动作、完成集体互动	音乐《天父的花园》	肢体辅助个别幼儿完成动作
问候	老师唱小朋友的名字，该小朋友与老师互动。当老师唱到下一个小朋友名字时，该小朋友能找到被唱到名字的小朋友，并与其互动	能找到下一个小朋友互动	《问候歌》	能力较弱的幼儿可以由老师帮助唱同伴名字
一、动作感知 1.动作模仿 2.感知音乐	1."长短小蛇"。模仿小蛇动作，请小朋友猜是什么动物；出示长短不同的小蛇玩偶，与小朋友一起讨论怎么样模仿不同长短小蛇的动作；转动手腕做短短的小蛇、扭动身体做长长的小蛇 2."小蛇跳舞"。老师口唱音乐，引子部分随意做小蛇的动作，A部分音乐时拍身体部位，B部分音乐时双手转腕变小蛇扭动；播放音乐，带小朋友感受短短的小蛇和长长的小蛇不同的跳舞状态	1.模仿扭动的身体动作 2.能根据长、短小蛇做不同身体动作	长短不同的小蛇玩偶	按照能力强弱独立完成模仿身体扭动或给予动作支持
二、乐器操作 操作乐器	"认识非洲鼓"。探索非洲鼓不同拍法发出的声音；学习用手前掌交替拍鼓发出有节奏的声音。播放音乐完成鼓和动作的模仿表演	能双手交替拍鼓	非洲鼓	能力较弱的幼儿可以双手同时拍鼓
三、游戏互动 1.固定位双人互动游戏 2.规律移动集体互动	1."小蛇跳舞"。小朋友两两一组面对面，中间放非洲鼓。引子部分模仿小蛇扭动，A部分音乐时双手交替拍同一面鼓，B部分音乐时听指令模仿双手转腕短短的小蛇扭动，以及站起来举手臂变长长的蛇扭动的舞蹈动作 2."鼓舞合作"。准备集合鼓一个，小朋友手拉手围着集合鼓，引子部分拉手扭动身体，A部分音乐时去敲鼓，B部分音乐时拉手围成圆圈来变大圈和小圈跳舞	1.能按照要求做长、短蛇动作 2.能根据音乐转换敲鼓和集体拉手舞动	非洲鼓、集合鼓	1.按照能力强弱搭配成组 2.能力较弱的幼儿可以只在中间拍鼓
结束	老师唱歌词中的内容，小朋友手拉手	反应音乐中的互动指令	《再见歌》	鼓励幼儿自主互动

活动四

小熊跳舞

情景描述

　　正在树洞里面呼呼大睡的小熊们被好听的音乐吸引了，都走出树洞，开始练习跳舞啦！

操作活动

　　小熊的脚印——小朋友听音乐，在《小熊跳舞》音乐 B 部分的时候根据提示找到对应形状的脚印，然后涂色。

音乐旋律

小熊跳舞

1=♭E 2/4

A：5̣ 1 ｜1 3 5 3｜3 2｜2 - ｜5̣ 7̣｜7̣ 2 4 2｜2 1｜1 - ｜

5̣·6̣1 ｜1·2 3｜6̣·7̣2｜2·3 4｜3 - ｜2 - ｜1 1｜1 - ‖

B：1̇ 1̇｜1̇ 1̇｜1̇ - ｜5 - ｜7· 6｜5 4｜3·4 5｜5 - ｜

1̇ 1̇｜1̇ 1̇｜1̇ - ｜5 - ｜2̇· 1̇ 7 6｜5 4｜3 2‖

D.C.

音乐结构划分（参考歌词）

A 部分：（念白）小熊，小熊跳跳跳。（做踏脚动作）
B 部分：（念白）啦啦啦，啦啦啦！（举手臂转动手腕）

乐器准备

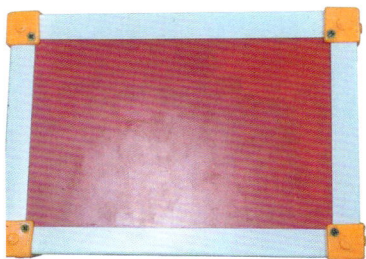
音乐凳

摇铃

活动步骤	活动内容	活动目标	教具/乐器	活动建议
大脑操	跟着音乐一起做全身的韵律活动	能模仿动作、完成集体互动	音乐《天父的花园》	肢体辅助个别幼儿完成动作
问候	老师唱小朋友的名字，该小朋友与老师互动。当老师唱到下一个小朋友名字时，该小朋友能找到被唱到名字的小朋友，并与其互动	能找到下一个小朋友互动	《问候歌》	能力较弱的幼儿可以由老师帮助唱同伴名字
一、动作感知 1.动作模仿 2.感知音乐	1."小熊跳跳"。认识小熊跳跳，学习小熊跳舞的时候喜欢做的动作：拍手、拍腿、双手手臂举起来，转手腕同时转身体 2."动作创造"。老师口唱音乐，老师即兴把A部分动作词语改编成"跳跳跳""跺跺脚""挥挥手"等，引导小朋友想一想小熊还喜欢怎么样跳舞。播放音乐，小朋友完成动作	1.模仿举手臂、转手腕、转身体同时进行的旋转动作 2.能自己即兴完成小熊跳舞的动作	小熊头饰	能力较弱的幼儿可以在B部分降低动作难度
二、乐器操作 乐器交替操作	"小熊唱歌"。A部分音乐"拍拍拍"的时候，双手交替拍音乐凳；B部分的时候拿准备好的摇铃举起来摇动模仿唱"啦啦啦啦啦"	能模仿唱歌曲叠音	音乐凳、摇铃	能力较弱的幼儿可只使用一种乐器
三、游戏互动 1.固定位双人互动游戏 2.规律移动集体互动	1."双人舞蹈"。小朋友面对面两两一组坐在音乐椅上面，分别在A部分音乐"拍拍拍"时跟小朋友相互击掌；B部分时手拉手站起来围着音乐椅唱歌并且走一圈后回到椅子 2."踩脚印"。摆放三角形和圆形地垫，小朋友围成圆圈。A部分音乐老师唱到"小熊跳形状"时，小朋友快速跳到指定形状中；B部分音乐的时候一起在形状里面转圈。没有找到对应形状的小熊暂停游戏	1.能手拉手围着椅子转圈 2.能认识三角形和圆形	圆形、三角形垫子	1.按照能力强弱搭配成组 2.能力较弱的幼儿用同伴支持的方式先找到好朋友，拉手成组
结束	老师唱歌词中的内容，小朋友手拉手	反应音乐中的互动指令	《再见歌》	鼓励幼儿自主互动

活动五

动物舞会

情景描述

　　小动物们都到齐了，它们各自展示自己的舞姿，玩得十分开心。

操作活动

动物跳舞——将同一种活动方式(飞、爬、跳)的动物连起来。

音乐旋律

宾果

1 = F 2/4

0 5 6 7 | 1. 1 1. 1 | 1111 1. 1 | 7. 1 2. 7 | 5.   5 | 2. 2 2. 2 |

2222 2. 2 | 1. 2 3. 2 | 1 — | 3   1 | 4. 3 2 | 2   7 |

3. 2 1 | 3   1 | 4. 3 2 | 2. 5 6. 7 | 1 — ‖

音乐结构划分

A 部分：（动物出场：模仿动物走路）

B 部分：（动物问好：相互握手）

C 部分：（动物一起跳舞：做跳舞动作）

结束：（再见动作）

乐器准备

响筒

腕铃

铃鼓

47

活动步骤	活动内容	活动目标	教具/乐器	活动建议
大脑操	跟着音乐一起做全身的韵律活动	能模仿动作、完成集体互动	音乐《天父的花园》	肢体辅助个别幼儿完成动作
问候	老师唱小朋友的名字，该小朋友与老师互动。当老师唱到下一个小朋友名字时，该小朋友能找到被唱到名字的小朋友，并与其互动	能找到下一个小朋友互动	《问候歌》	能力较弱的幼儿可以由老师帮助唱同伴名字
一、动作感知 1.动作模仿 2.感知音乐	1."认识动物朋友"。认识动物朋友，小朋友模仿动物的动作出场。当老师说到"你好"的时候，要找到动物朋友握手说"你好"；当老师说到"再见"的时候，要挥手说"再见" 2."动作跳舞"。老师口唱音乐，A部分时模仿动物动作；B部分时交换同伴并且握手说"你好"；C部分的时候跟同伴拉手；结束的时候在挥手提示下说"再见"。播放音乐，小朋友模仿动物动作表演	1.能模仿握手问好、挥手再见 2.能完成三个音乐情景的转换	音乐、动物头饰	按照能力强弱或动作表示或语言与动作一起，表示问好和再见
二、乐器操作 乐器转换伴奏	"乐器伴奏"。认识响筒、铃鼓、腕铃三种乐器，对应A、B、C三个部分音乐；小朋友拿三种乐器对应转换三段不同的音乐伴奏	能转换三种乐器伴奏	响筒、铃鼓、腕铃	能力较弱的幼儿可以减少转换乐器的数量，自由伴奏
三、游戏互动 1.固定位双人互动 2.规律移动集体互动	1."找朋友"。小朋友戴头饰选择喜欢的动物两两一组，相同动物面对面坐。A部分音乐时模仿动物；B部分老师说"你好"时，相互握手；C部分时拉拉手；结束老师说"再见"的时候挥手 2."小火车"。椅子摆放成火车造型，老师拿圆圈转动当司机，椅子上贴小动物图提示。小朋友按照自己扮演的小动物轮流上火车，并且找对应的椅子坐。A部分音乐时小朋友扮演动物走出来，B部分音乐时说"你好"后上车，C部分时一起开车；没有问好者暂不上车	1.能找到扮演一样的动物的朋友 2.能排队轮流参加游戏	小椅子、圆圈、动物贴卡	1.按照能力强弱搭配成组 2.能力较弱的幼儿可以跟同伴一起成组上车
结束	老师唱歌词中的内容，小朋友手拉手	反应音乐中的互动指令	《再见歌》	鼓励幼儿自主互动

主题三

小种子旅行记

活动序号	活动名称	音乐选材	活动重点
活动一	春晓	《春晓》	学习古诗，交替手拍手互动
活动二	小小的花园	《小小的花园》	区分大、中、小图片，遵守轮替规则
活动三	小种子	《两只老虎》伴奏	颜色运用，小组合表演
活动四	炒豆豆	《鞋匠舞》	双脚连续跳，遵守等待规则
活动五	蒲公英	《幽默曲》	模仿身体关节动作，参与集体合作

活动一

春晓

情景描述

　　花园里面，花朵开了，小草绿了，小燕子飞来了，大地万物复苏。一粒种子从土里发芽了，原来是春天来了。

操作活动

找春天——根据古诗《春晓》的描述，圈出跟内容相关的景象。

音乐曲词

春晓

词：孟浩然
曲：谷建芬

1=♭E 4/4

♩=138

‖: 5 ⁴5 5 3 1 | 5 − − − | 5 5 5353 31 | 2 − − − | 5 5 6 56 | 5 1 3 0 |
春 眠 不 觉 晓，　　　　处 处 闻 啼 鸟。　　夜 来　　风 雨 声，

2 2 2 5 2 | 1 − − − :‖ 1 2.1 4 0 | 1 2.1 3 0 | 1 2.1 6 . 6 | 5 − − − |
花 落 知 多 少。　　啦 啦啦啦　啦 啦啦啦　啦 啦啦啦 啦 啦　

1 2.1 6 − | 66 66 5. 3 | 2 2 31 1 | 2 − − − | 5 ⁴5 5 3 1 | 5 − − − |
啦 啦啦啦　啦啦啦啦 啦 啦　啦 啦 啦啦啦 啦 啦。　　春 眠 不 觉 晓，

5 5 5353 31 | 2 − − − | 5 5 6 56 | 5 1 3 0 | 2 2 2 5 2 | 1 − − − ‖
处 处 闻 啼 鸟。　　夜 来　风 雨 声，　花 落 知 多 少。

D.C.

5 5 6 56 | 5 1 3 0 | 2 − 2 0 | 52 2 2 − | 2 − − − | 1 − − − |
夜 来　风 雨 声，　花 落　知多　　　少。

1 − − − − − | 1 0 0 0 | 0 ‖
　　　　　　　　　　　　　　　少。

音乐结构划分

　　A 部分：春眠不觉晓，处处闻啼鸟。夜来风雨声，花落知多少。(举手打哈欠起床的动作；小鸟飞的动作；下雨的动作；双手开花动作)

　　B 部分：啦啦啦啦！(拍手)

乐器准备

音砖

活动步骤	活动内容	活动目标	教具/乐器	活动建议
大脑操	跟着音乐一起做和同伴互相拍手的韵律活动	能与同伴互动表演	音乐《布谷鸟》	肢体辅助个别幼儿完成动作
问候	音乐情景表演：小朋友扮演小花、小草、小猫、蝴蝶与老师问好	能在音乐情景中表演问好	《问候歌》	能力较弱的幼儿可以模仿问好动作
一、动作感知 1. 动作模仿 2. 感知音乐	1. "做古诗"。出示四张对应内容的古诗卡，老师描述图片内容，小朋友学习相对应的古诗句子。跟小朋友玩动作游戏，老师说到每一句的关键字时，小朋友做对应的动作：晓—举手打哈欠起床动作；鸟—飞的动作；雨—下雨的动作；花—双手开花动作 2. "念古诗"。老师口唱音乐，小朋友根据古诗卡图片以及动作模仿唱古诗；播放音乐，小朋友进行表演，模仿唱古诗	1. 能根据图片提示做动作 2. 能模仿表达古诗中的词语	古诗卡	1. 能力较弱的幼儿可以辅助完成 2. 按照能力强弱或唱完整首古诗或唱叠音
二、乐器操作 打击乐配器	"敲奏古诗"。分别把古诗卡摆放在四块音砖上面，小朋友根据内容，在老师念古诗时分别敲不同的音砖	根据描绘敲不同音砖	古诗卡、音砖	能力较弱的幼儿只敲一块音砖
三、游戏互动 1. 固定位双人互动 2. 规律移动集体互动	1. "演古诗"。小朋友面对面坐好，在A部分音乐中一边唱一边拍腿，在B部分音乐中"啦啦啦"处用交替手的方式跟同伴拍手 2. "玩古诗"。所有小朋友围成圆圈，老师把四张古诗卡分别贴在四个小朋友身上，老师站在圆圈中间。老师念古诗，念到哪一句，小朋友就快速反应去抱住贴有对应内容卡的小朋友；在"啦啦啦"的时候快速找到一个小朋友并且手拉手唱歌	1. 能交替手拍手互动 2. 能快速找到小朋友拉手唱歌	古诗卡	1. 鼓励幼儿即兴拍身体的不同部位 2. 按照能力强弱或站在中间或围成圆圈
结束	老师随机改编歌曲中的内容，变为"一起学小猫/狗"等	反应音乐中的动物，并且模仿	《再见歌》	鼓励幼儿用不同动作模仿

活动二

小小的花园

情景描述

一群可爱的小朋友拿着小铲子，提着小水壶围在花园里，他们是在做什么呢？

操作活动

种子开花——分别给不同大小的花朵涂上不同的颜色。

儿歌内容

《小小的花园》

在小小的花园里面挖呀挖呀挖，
种小小的种子开小小的花

在大大的花园里面挖呀挖呀挖，
种大大的种子开大大的花

在特别大的花园里面挖呀挖呀挖，
种特别大的种子开特别大的花

音乐结构划分

A 部分：(做手部小的动作)

B 部分：(做手部大的动作)

C 部分：(做手部特别大的动作)

乐器准备

腕铃

活动步骤	活动内容	活动目标	教具/乐器	活动建议
大脑操	跟着音乐一起做和同伴互相拍手的韵律活动	能与同伴互动表演	音乐《布谷鸟》	肢体辅助个别幼儿完成动作
问候	音乐情景表演：小朋友扮演小花、小草、小猫、蝴蝶与老师问好	能在音乐情景中表演问好	《问候歌》	能力较弱的幼儿可以模仿问好动作
一、动作感知 1. 动作模仿 2. 动作创造	1. "种种子"。模仿动作 A 部分双手画小圆做小小的花园——双手合起来手掌做挖的动作，手腕（手肘、举手双手）相碰做花开；B、C 部分手逐步打开，做大、特别大的两种不同大小手部动作 2. "动作创造"。请小朋友想一想跟好朋友在一起还可以做什么大、中、小的动作。念儿歌，老师跟小朋友一起完成小朋友创作的动作表演	1. 能模仿手部的大、中、小动作 2. 能在提示下创造动作	儿歌	按照能力强弱或动作辅助或语言提示
二、乐器操作 乐器表演	认识腕铃，将腕铃戴在手腕上。结合小花园、大花园、特别大的花园，分别在做挖土动作时让腕铃发出轻轻的声音、大大的声音和最大的声音来与儿歌进行呼应	能完成大、中、小声音的操作	腕铃	能力较弱的幼儿可以完成大或者小的一种声音
三、游戏互动 1. 固定三人轮替互动 2. 规律移动集体互动	1. "轮替游戏"。三个小朋友分别贴上大、中、小三朵花的图片，当老师随机指到 A、B、C 部分时，小朋友做大、中、小动作 2. "变花园"。所有小朋友围成一个大的圆圈，老师邀请几名小朋友拿大、中、小铲子念儿歌。外圈的小朋友看到不同大小的铲子出现时在提示下做大、中、小的圆圈。不能完成任务者暂停游戏	1. 能辨认大、中、小图片 2. 能共同合作表演儿歌	大、中、小花朵图片，大、中、小铲子模型	1. 按照能力强弱或动作辅助或语言提示 2. 按照能力强弱站在中间念儿歌或做动作
结束	老师随机改编歌曲中的内容，变为"一起学小猫/狗"等	反应音乐中的动物，并且模仿	《再见歌》	鼓励幼儿用不同动作模仿

活动三

小种子

情景描述

　　春天来啦，一根根细小鲜嫩的小绿苗从泥土中冒出了黄色的小脑袋。它们轻轻抖落身上的小水珠，纷纷张开好奇的小眼睛，悄悄地观察着这多姿多彩的世界！

操作活动

水果涂色——给不同树上结出的不同水果涂上对应的颜色。

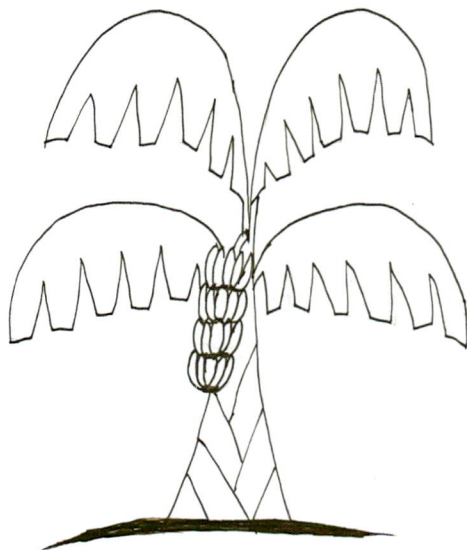

音乐旋律

《两只老虎》

$1 = C$ $\frac{2}{4}$

| 1 | 2 | | 3 | 1 | | 1 | 2 | | 3 | 1 | | |

| 3 | 4 | | 5 | - | | 3 | 4 | | 5 | - | | |

| 5 6 | 5 4 | | 3 | 1 | | 5 6 | 5 4 | | 3 | 1 | | |

| 2 | 5̣ | | 1 | - | | 2 | 5̣ | | 1 | - | | |

音乐结构划分（参考歌词）

A 部分：小种子呀，钻泥巴呀，钻一下，抖一下。(手掌打开做泥巴，食指做豆芽)

B 部分：钻呀钻呀钻呀，钻呀钻呀钻呀！(食指顶着手掌动)

C 部分：开花花，结瓜瓜。(手掌根互碰做开花，手掌相扣握住做结瓜)

材料准备

彩色丝巾

活动步骤	活动内容	活动目标	教具/乐器	活动建议
大脑操	跟着音乐一起做和同伴互相拍手的韵律活动	能与同伴互动表演	音乐《布谷鸟》	肢体辅助个别幼儿完成动作
问候	音乐情景表演。小朋友扮演小花、小草、小猫、蝴蝶与老师问好	能在音乐情景中表演问好	《问候歌》	能力较弱的幼儿可以模仿问好动作
一、动作感知 1.动作模仿 2.动作创造	1. "认识小种子"。知道小种子从泥土中长出；讨论小种子是怎么钻出来的 2. "手指游戏"。教师口唱音乐，并示范动作；A部分音乐时食指顶手掌，B部分时手指和手掌轮流动，C部分音乐时做开花、结瓜状态；播放音乐完成手指游戏	1. 能表达自己的想法 2. 能在音乐中完成手指游戏	音乐	能力较弱的幼儿给予动作辅助
二、乐器操作 物件操作	"五颜六色的花朵"。A、B部分音乐时选择自己喜欢的丝巾藏在手心；C部分音乐念到"开花花"时松开手，"结瓜瓜"时把丝巾盖在自己或同伴头上	能操作丝巾做开花状	丝巾	能力较弱的幼儿给予多一点等待时间
三、游戏互动 1.固定位三人互动 2.自由移动小组互动	1. "结个什么瓜"。老师出示苹果、香蕉、西瓜三种不同颜色的水果，小朋友选择对应颜色的丝巾当水果藏在手心。三个小朋友面对面，在C部分音乐"开花花"时松开手，"结瓜瓜"时把丝巾盖在其他小朋友头上，并且说一说给他结的是什么瓜 2. "结大瓜"。小朋友选择喜欢的同伴围圈拉手，A、B部分音乐时做身体大动作的钻、抖动作，C部分音乐时手拉手打开圆圈做"开花"，抱在一起做"结瓜"。比一比谁的瓜结得最好	1. 能表达不同丝巾对应的水果是什么 2. 能找到喜欢的一组小朋友互动	水果图片、丝巾	1. 能力较弱的幼儿给水果图片提示 2. 按照能力强弱由小朋友自己创编身体动作或者模仿老师动作
结束	老师随机改编歌曲中的内容，变为"一起学小猫/狗"等	反应音乐中的动物，并且模仿	《再见歌》	鼓励幼儿用不同动作模仿

活动四

炒豆豆

情景描述

　　一些没有种在地里的种子宝宝(花生、绿豆)会被放到锅里炒熟了当作食物。你看，厨房的锅子里，小豆豆们在欢快地跳舞。

操作活动

点豆豆——分别在大瓶和小瓶里面点画多或者少的豆豆。

音乐旋律

鞋 匠 舞

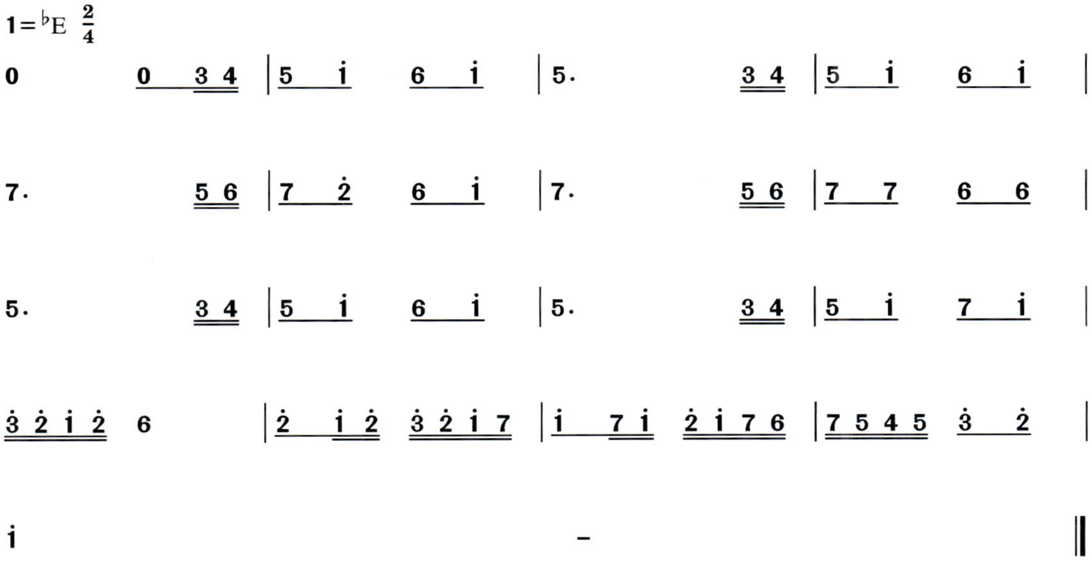

$1 = {}^{\flat}E$　$\frac{2}{4}$

```
0        0 34 │ 5  i  6  i │ 5·        34 │ 5  i  6  i │

7·       5 6 │ 7  2  6  i │ 7·        5 6 │ 7  7  6  6 │

5·       34  │ 5  i  6  i │ 5·        34 │ 5  i  7  i │

3 2 i 2  6   │ 2  i 2  3 2 i 7 │ i  7 i  2 i 7 6 │ 7 5 4 5  3  2 │

i            ─                            ‖
```

音乐结构划分

A 部分：（做小豆子跳的动作）

B 部分：（做小豆子转圈的动作）

乐器准备

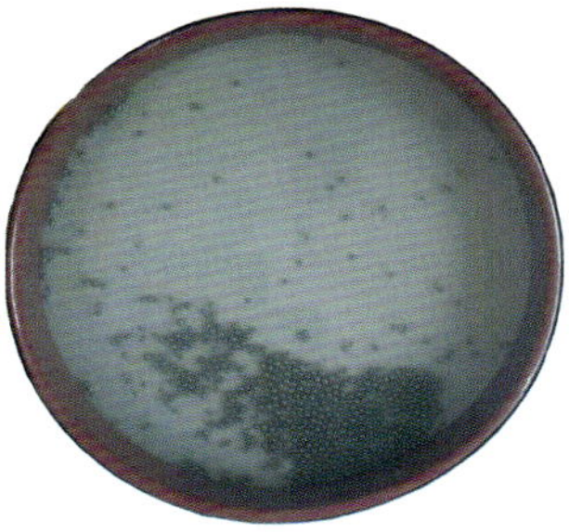

海浪鼓

活动步骤	活动内容	活动目标	教具/乐器	活动建议
大脑操	跟着音乐一起做和同伴互相拍手的韵律活动	能与同伴互动表演	音乐《布谷鸟》	肢体辅助个别幼儿完成动作
问候	音乐情景表演：小朋友扮演小花、小草、小猫、蝴蝶与老师问好	能在音乐情景中表演问好	《问候歌》	能力较弱的幼儿可以模仿问好动作
一、动作感知 1. 动作模仿 2. 感知音乐	1. "炒豆豆"。老师演示用模型锅铲炒豆豆，小朋友视觉感受炒豆豆的时候豆豆在锅里面不停跳、不停翻滚的状态。讨论怎么样模仿豆豆，引导小朋友结合情景练习动作：双手拍腿、双手握拳绕动 2. "动作创造"。老师哼唱音乐节奏，A部分时做拍腿，B部分时做绕拳的动作。小朋友可以自己即兴做其他动作。播放音乐，老师当炒豆豆的人，小朋友当小豆豆进行坐位表演	1. 模仿双手绕拳的动作 2. 能自己即兴做动作	音乐	鼓励幼儿自主创造，按照能力给予动作或语言提示
二、乐器操作 乐器操作	1. "认识海浪鼓"。小朋友试一试怎么样让海浪鼓发出豆豆跳和豆豆滚动的声音；通过拍动海浪鼓和摇动海浪鼓的方式发出不同的音 2. "乐器伴奏情景"。一组小朋友拿海浪鼓伴奏，一组小朋友听音乐表演	1. 能用拍和摇的方式发出不同的声音 2. 能分组进行鼓和舞的合作	海浪鼓	能力较弱的幼儿可以用同一方式进行海浪鼓伴奏
三、游戏互动 1. 固定位双人互动 2. 移动位小组三人组互动	1. "二人炒豆豆"。小朋友面对面站在圆形点上，A部分炒豆豆音乐时手拉手在圆点上面跳；B部分豆豆翻滚音乐时手拉手围着圆点转圈 2. "三人炒豆豆"。两个小朋友拉手当大锅，一个小朋友当豆豆在中间。A部分音乐时中间的小朋友跳，拉圈小朋友不动；B部分音乐时拉圈的小朋友围着转圈，中间小朋友不动。老师给予"跳"和"转"提示，当老师说"豆豆炒熟了"，中间小朋友马上跑出圈，拉手小朋友则要抱住中间小朋友。被抱住的小朋友暂停游戏	1. 能拉手连续跳跃 2. 能等待按照规则开始游戏	圆点贴	1. 按照能力强弱搭配成组 2. 能力较弱组的幼儿可以先开始在中间原地跳
结束	老师随机改编歌曲中的内容，变为"一起学小猫/狗"等	反应音乐中的动物，并且模仿	《再见歌》	鼓励幼儿用不同动作模仿

活动五

蒲公英

情景描述

　　在花园里面还有一种种子是靠风来播种的，它就是蒲公英。蒲公英的种子要等到风来的时候起飞。风婆婆在轻轻地吹，蒲公英的种子在慢慢地飞。

操作活动

可视"图谱"——根据听到的音乐，用长短不同的曲线画出节奏。

音乐旋律

幽默曲

曲：德沃夏克

1＝G 2/4

```
1· 2 1· 2 | 3· 5 6· 5 | 1· 7 2· 1 | 7· 2 1· 6 |

5· 5 6· 5 | 1· 6 5· 3 | 2 — 2 — |

1· 2 1· 2 | 3· 5 6· 5 | 1· 7 2· 1 | 7· 2 1· 6 |

5· 5 1· 1 | 2 5 | 1 — 1 — ‖
```

音乐结构划分

A 部分：（吹风状）

B 部分：（踮脚、蹲下，从上到下身体动作）

C 部分：（转动脖子、肩膀、腰、脚踝等关节做旋转动作）

材料准备

彩色塑料袋

活动步骤	活动内容	活动目标	教具/乐器	活动建议
大脑操	跟着音乐一起做和同伴互相拍手的韵律活动	能与同伴互动表演	音乐《布谷鸟》	肢体辅助个别幼儿完成动作
问候	音乐情景表演：小朋友扮演小花、小草、小猫、蝴蝶与老师问好	能在音乐情景中表演问好	《问候歌》	能力较弱的幼儿可以模仿问好动作
一、动作感知 1.动作模仿 2.感知音乐	1."认识蒲公英"。通过视频认识蒲公英的种子，知道风吹来的时候蒲公英会飞。讨论蒲公英是怎么飞的，学一学 2."动作模仿"。老师哼唱音乐，A部分音乐时模仿吹，B部分音乐时身体从踮脚到蹲下运动，C部分音乐时转动脖子、肩膀、腰等身体做旋转动作。播放音乐，小朋友在情景中模仿动作	1.认识蒲公英 2.能模仿身体关节的旋转动作	视频、音乐	能力较弱的幼儿A、B部分可以合并
二、乐器操作 物件操作	1."好玩的塑料袋"。认识彩色塑料袋，讨论袋子可以用来做什么；模仿老师抖动彩色透明塑料袋，用空气把袋子鼓起来 2."袋子飞起来"。A部分音乐时小朋友拿塑料袋装空气，将之鼓起来；B部分音乐时小朋友拿鼓起来的袋子从上到下做掉落状；C部分音乐时风婆婆吹狂风了，小朋友拿袋子做旋转动作	1.能模仿用塑料袋充气 2.能跟随音乐玩塑料袋	彩色塑料袋	能力较弱的幼儿给予动作辅助
三、游戏互动 1.固定位双人互动 2.规律移动集体互动	1."照镜子"。小朋友面对面坐，A部分音乐时拉手变大小；B部分音乐时为领导者的小朋友做镜子外面的人，手臂上下左右挥动，另外一名小朋友模仿动作；C部分音乐时为领导者的小朋友做旋转身体部分的动作，另外一名小朋友模仿动作 2."大风吹"。小朋友手拉手围着老师，A部分音乐时老师轻轻扇动扇子，小朋友由内到外从小变大打开圆圈；B部分音乐时老师轻轻扇动扇子往上往下，小朋友做踮脚和蹲下动作；C部分音乐时老师用手快速扇动扇子，小朋友自由旋转。被吹动的小朋友得到奖励	1.能模仿同伴做一样的动作 2.能在集体游戏中完成不同动作要求	扇子	1.按照能力强弱搭配成组 2.能力较弱的幼儿可以跟老师一起扇扇子
结束	老师随机改编歌曲中的内容，变为"一起学小猫/狗"等	反应音乐中的动物，并且模仿	《再见歌》	鼓励幼儿用不同动作模仿

主题四

水果大丰收

活动序号	活动名称	音乐选材	活动重点
活动一	水果恰恰恰	《木瓜恰恰恰》	认识水果模型，遵守轮流规则
活动二	摘水果	《花园波尔卡》	辨别方位，参与小组合作游戏
活动三	运送水果	《Clap Clap Song》	水果分类，不同方位传递
活动四	好饿好饿的毛毛虫	《毛毛虫的故事》	理解故事情景，绘本剧表演

活动一

水果恰恰恰

情景描述

　　秋天来了，到了收获的季节，果园里的水果都成熟了。你看，小朋友们穿着鲜艳的衣服，脸上洋溢着丰收的喜悦。大家一起拿着水果跳起了欢快的舞蹈。

操作活动

装水果——按照袋子上面的提示画相同的水果。

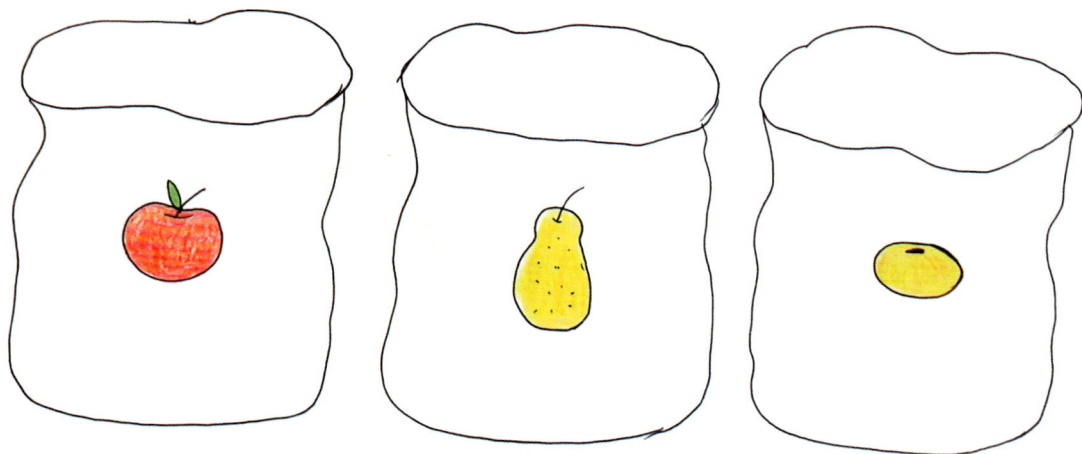

音乐旋律

木瓜恰恰恰

1 = F　4/4

| 0 | 0 | 0 | 5̲ 5̲ | 5̣· | | 5̣ | 1̲ 1̲ | 3̲ 3̲ | 2 | — | — | 5̲ 5̲ |

| 5̣· | | 5̣ | 2̲ 2̲ | 4̲ 4̲ | 3 | — | — | 1̲ 1̲ | 1· | | 1̲ | 4̲ 4̲ | 6̲ 6̲ |

| 5 | — | — | 3̲ 1̲ | 2· | | 4̲ | 3̲ 3̲ | 2̲ 2̲ | 1 | — | — | 0 ‖

音乐结构划分

A 部分：(拍一拍水果)
B 部分：(说水果名称)
C 部分：(举起水果摇动)

乐器准备

打棒

活动步骤	活动内容	活动目标	教具/乐器	活动建议
大脑操	跟着音乐一起做物件操作的韵律活动	能拿物件模仿韵律	音乐《布谷鸟》	肢体辅助个别幼儿动作
问候	音乐情景表演：老师口唱，随机改编小朋友的名字，依次问好，被问好的小朋友回复"你好"	能在音乐情景中表演问好	《问候歌》	能力较弱的幼儿可以给予简单动作要求
一、动作感知 1.动作模仿 2.感知音乐	1."摘水果"。认识苹果、梨子、香蕉、柿子。老师示范：拿着水果跳舞、拍水果、说水果的名称、举起水果摇动 2."水果跳舞"。老师口唱音乐，A部分音乐时拍手里的水果，B部分音乐时说水果的名称，C部分音乐时举起水果摇动。播放音乐进行表演	1.表达水果名称 2.能拿水果完成表演	苹果、梨子、香蕉、柿子模型	能力较弱的幼儿表达单字或叠音
二、乐器操作 物件操作	"丰收舞蹈"。A部分音乐时用打棒敲，B部分音乐时数"1""2""3"敲三次，C部分音乐时拿丝巾挥动	能使用乐器和物件轮换	打棒、丝巾	能力较弱的幼儿可使用一种物品
三、游戏互动 1.固定位双人互动 2.规律移动集体互动	1."水果碰碰"。小朋友两两一组面对面，各自选择两个不一样的水果并拿在手上。A部分音乐时将自己手上不同的水果摇一摇，B部分音乐时将自己的水果碰一碰，C部分音乐时跟对面一样的水果碰一碰 2."水果舞"。小朋友分别贴上喜欢的水果图片，围成圈站在圆形点上。A部分音乐时原地拍手，B部分音乐时找到相同的水果打招呼"嘿嘿嘿"，C部分音乐时跟自己一样的水果手拉手转圈。没有找到一样的暂停游戏	1.能找到相同水果模型 2.能找到相同的水果图片	水果模型、水果卡片、圆形点	1.按照能力强弱搭配成组 2.能力较弱的幼儿可以贴比较熟悉的水果
结束	邀请小朋友当老师唱《再见歌》	唱简单歌曲	《再见歌》	鼓励幼儿创编歌词

活动二

摘水果

情景描述

　　葡萄架上的葡萄熟了，草莓藤上也结了又大又红的果子。小朋友们提着果篮来摘水果啦！

操作活动

水果熟了——在葡萄架上和草莓苗上画果子。

音乐旋律

花园波尔卡

1 = G 2/4

| 7 | 7 6 | 5 4 3 2 | 1 | 1 | 1 | 5 |

| 1 | 1 2 | 3 3 4 | 5 | 5 | 5. | 3 |

| 4 | 4 5 | 4 4 2 | 3 | 3 | 3 5 | 6 7 |

| 1 | 1 2 | 3 3 4 | 5 | 5 | 5. | 3 |

| 4 | 4 5 | 4 4 2 | 1 | 1 | 1 | |

音乐结构划分

A 部分：（准备摘水果：做踏脚动作）

B 部分：（踮脚摘上面的水果：做举手和转手腕动作）

C 部分：（蹲下摘下面的水果：做蹲下和转手腕动作）

乐器准备

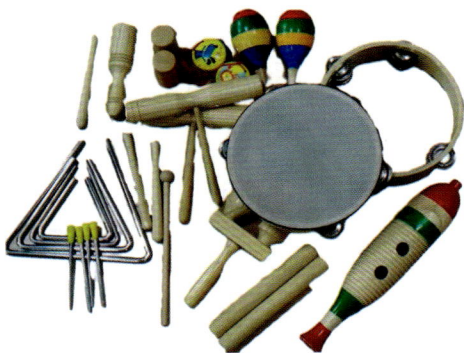

各种乐器

活动步骤	活动内容	活动目标	教具/乐器	活动建议
大脑操	跟着音乐一起做物件操作的韵律活动	能拿物件模仿韵律	音乐《布谷鸟》	肢体辅助个别幼儿动作
问候	音乐情景表演：老师口唱，随机改编小朋友的名字，依次问好，被问好的小朋友回复说"你好"	能在音乐情景中表演问好	《问候歌》	能力较弱的幼儿可以给予简单动作要求
一、动作感知 1.动作模仿 2.感知音乐	1."认识水果树"。结合情景认识不同的水果是长在上面和下面哪些不同位置。小朋友讨论怎么摘上面和下面的果子。老师提示做踮脚和下蹲动作 2."一起摘水果"。老师口唱音乐，A部分音乐时踏脚走，B部分音乐时踮脚做摘上面水果的动作，C部分音乐时蹲下做摘下面水果的动作。播放音乐表演	1.认识葡萄架上面的葡萄、草莓藤上的草莓 2.能根据不同水果情景做摘水果动作	葡萄架和草莓藤情景设置	能力较弱的幼儿给予肢体辅助
二、乐器操作 乐器伴奏	"配器表演"。小朋友自己选择三种乐器，分别在A、B、C三部分音乐时配不同的乐器表演	能在音乐中轮换三种不同乐器	各种小乐器	能力较弱的幼儿可以减少乐器数量
三、游戏互动 1.固定位双人互动 2.规律移动 集体互动	1."彩布舞"。两人面对面坐，拿彩色的长布条，A部分音乐时抖动布条，B部分音乐时举起布条来，C部分音乐时放在地上 2."钻山洞"。小朋友分两组面对面坐拉长布条当摘水果的人，另外一组小朋友分别当葡萄和草莓，准备冲关。A部分音乐时抖动布条；B部分音乐时举起布条，"葡萄"钻过去；C部分音乐时放低布条，"草莓"跨过去。被绊住的水果暂停游戏	1.能根据音乐提示做上下方位操作布条的动作 2.能按照规则完成集体游戏	1.彩色布条 2.葡萄和草莓头饰	1.按照能力强弱搭配成组 2.能力较弱的幼儿当拉布条的角色
结束	邀请小朋友当老师唱《再见歌》	唱简单歌曲	《再见歌》	鼓励幼儿创编歌词

活动三

运送水果

情景描述

　　果园里面的水果太多了，大家吃不完，小朋友们正在把水果宝宝们运送到仓库。

操作活动

分水果——把相同的水果用圆圈圈起来。

音乐旋律

Clap Clap Song

$1 = {}^{\flat}B$　$\frac{4}{4}$

1.   1   3   5   i̇   1 | 1   —   —   — |

1.   1   3   5   i̇   1 | 1   —   —   — |

4.   4   6   i̇   5   5 | 5   —   —   — |

5.   5   3̇   2̇   i̇   i̇ | i̇   —   —   —   ‖

音乐结构划分

A 部分：(做点头动作)
B 部分：(做拍腿动作)
C 部分：(做转手腕动作)

乐器准备

响板

活动步骤	活动内容	活动目标	教具/乐器	活动建议
大脑操	跟着音乐一起做物件操作的韵律活动	能拿物件模仿韵律	音乐《布谷鸟》	肢体辅助个别幼儿动作
问候	音乐情景表演：老师口唱，随机改编小朋友的名字，依次问好，被问好的小朋友回复"你好"	能在音乐情景中表演问好	《问候歌》	能力较弱的幼儿可以给予简单动作要求
一、动作感知 1.动作模仿 2.感知音乐	1."看动作卡做动作"。小朋友运送水果，他们一边运送一边跳舞。他们跳舞都喜欢做几个动作：动作练习 A——点头；B——拍腿；C——转手腕。老师用卡片提示小朋友反应动作 2."动作创造"。老师哼唱音乐节奏，小朋友用三个不同的动作表演。讨论 B 部分动作可以变成什么。播放音乐，小朋友进行表演	1.能看图做动作 2.可以即兴创造动作	动作卡	1.能力较弱的幼儿可以给予肢体辅助 2.鼓励幼儿自主创造，可分能力给予动作或语言提示
二、乐器操作 传递乐器	"传递响板"。认识响板，探索不同方式玩响板。小朋友围坐成一圈，老师坐在其中，拿响板。A、B 段音乐时老师把响板传递给旁边的小朋友，小朋友依次传递。C 段音乐开始的时候响板在哪一个小朋友手上，哪一个小朋友就拍响板，依次重复	能使用不同方式让响板发出声音	响板	能力较弱的幼儿使用拍响板方式玩
三、游戏互动 1.坐位小组互动 2.自由移动集体互动	1."装水果"。小朋友围圈坐。拿一筐水果模型摆放在第一个小朋友前面，分别为苹果、香蕉、橘子。中间放三个一样的篮子。A、B 段音乐的时候小朋友拿水果同时传递，在 C 段时小朋友把手上水果放在不同篮子里面进行分类 2."水果抱团"。小朋友分别选择喜欢的水果头饰。音乐 A、B 段的时候小朋友找到一个好朋友相互拍手，C 段音乐时相同的"水果"抱在一起。没有找到相同的"水果"则被"吃"掉	1.能完成水果分类 2.能快速在游戏中找到相同的水果	1.水果模型、三个水果篮 2.水果头饰	1.能力较弱的幼儿坐在前面负责传递 2.能力较弱的幼儿可以站在原地等待被抱团
结束	邀请小朋友当老师唱《再见歌》	唱简单歌曲	《再见歌》	鼓励幼儿创编歌词

活动四

好饿好饿的毛毛虫

情景描述

晚上，热闹的果园里变得静悄悄，一只毛毛虫爬了出来。

操作活动

小动物找妈妈——给左边的小动物连线找到它们的妈妈。

音乐旋律

毛毛虫的故事

1 = G 4/4

```
5  -  -  -  | 3  -  -  2  | 1  -  -  -  -  -  | 1  -  -  -  |

5  -  -  -  | 6  -  -  3  | 5  -  -  -  -  -  | 5  -  -  -  |

i  -  -  -  | 4  -  -  6  | 4  -  -  3  | 2  -  -  -  |

3  -  -  4  | 3  -  -  2  | 1  -  -  -  -  -  | 1  -  -  -  ‖
```

音乐结构划分

A 部分：(毛毛虫爬)

B 部分：(毛毛虫结茧睡觉)

C 部分：(蝴蝶跳舞)

乐器准备

铝板琴

刮胡

碰钟

活动步骤	活动内容	活动目标	教具/乐器	活动建议
大脑操	跟着音乐一起做物件操作的韵律活动	能拿物件模仿韵律	音乐《布谷鸟》	肢体辅助个别幼儿动作
问候	音乐情景表演：老师口唱，随机改编小朋友的名字，依次问好，被问好的小朋友回复"你好"	能在音乐情景中表演问好	《问候歌》	能力较弱的幼儿可以给予简单动作要求
一、动作感知 1.动作模仿 2.感知音乐	1."毛毛虫的故事"。认识毛毛虫，通过绘本知道毛毛虫从虫到茧到蝴蝶的成长。讨论毛毛虫是怎么样爬、怎么吃东西的，茧是什么样的，蝴蝶是怎么飞的。引导小朋友用动作来表示。 2.表演绘本。老师讲述绘本内容，出示不同数量的水果以及食物模型。小朋友根据情景模仿毛毛虫爬行、吃东西、蜷缩休息、变蝴蝶的过程	1.认识毛毛虫成长过程 2.模仿毛毛虫的成长动作	绘本	1.能力较弱的幼儿可以给予肢体辅助 2.鼓励幼儿自主创造，可分能力给予动作或语言提示
二、乐器操作 配器表演	1.认识乐器。认识铝板琴、刮胡、碰钟，小朋友分组轮流玩不同的乐器 2.配器表演。老师讲述绘本内容，小朋友进行对应情景的配器表演：毛毛虫爬——铝板琴，吃东西——刮胡，休息——碰钟，变蝴蝶——三种乐器一起演奏	1.能操作不同的乐器 2.能在情景中使用乐器伴奏	铝板琴、刮胡、碰钟	能力较弱的幼儿使用简单乐器
三、游戏互动 1.绘本剧表演 2.音乐情景表演	1.角色安排。 ①绘本内容讲述并指挥：老师 ②伴奏乐器：三个小朋友操作铝板琴——毛毛虫爬；刮胡——吃东西；碰钟——睡觉；三种乐器一起的声音——蝴蝶飞 ③毛毛虫：一个小朋友 ④毛毛虫的食物：十一个小朋友分别贴上道具图片，扮演一个苹果、两个梨子、三个李子、四个草莓、五个橘子、一个棒棒糖、一个樱桃派、一根香肠、一个纸杯蛋糕、一片西瓜、一片树叶 2.道具安排。每一个表演食物的小朋友拿一块跟食物颜色一样的丝巾备用 3.表演方式。老师旁白，"毛毛虫"在铝板琴声中做爬行动作，根据旁白提示依次"吃"掉不同的"食物"，被"吃"掉的"食物"变成毛毛虫的一节拉着毛毛虫的衣服继续爬，直到把所有食物吃完后，毛毛虫变得又大又长，开始蜷在一起睡觉。最后在三种乐器声中拿出丝巾变成"蝴蝶"跳舞 播放《毛毛虫的故事》，在完整的音乐中进行表演			1.能力较弱的幼儿扮演食物 2.每组安排一位能力较强的幼儿
结束	小朋友选择自己喜欢的道具变成美丽的蝴蝶，跟着音乐"飞"出教室			按照能力鼓励幼儿选择道具或给予二选一的提示

附：常规歌曲

问候歌

1=♭E 2/4

词：李 琼
曲：马世雄

中板稍快

```
5 5  3  | 0  0  | 6  5  | 0  0  | 1 2  3  |[1. 5 5  2  | 0  0  0 :‖
× ×         你  好       请你来  抱一抱
```

```
[2. 2 3  1  | 1  -  | 1. 1 6  | 6. 7 i  | 7. 6 5  | 5  -  | 1 1  6  |
抱一抱        我们是      好朋       友          大家一
```

```
6 6  5  | 1 3  2  | 2  -  | 1. 1 6  | 6. 7 i  | 7. 6 5  | i  3  |
起    哈哈笑      我们是      好       朋  友    朋  友
```

```
2 3  4  | 3. 2 1  | 7  1  | 1  -  ‖
大家一    起  哈  哈  笑
```

再见歌

1=F 4/4

词：李 琼
曲：马世雄

小快板

```
5  3  6.  5 | 4  3  2  -  | 3  1  2.  3 |
我  们  一  起围个圈      我  们  一  起
```

```
5  6  5  -  | i i  5  -  -  | 6 6  5  -  -  |
手  拉  手      点点头        扭一扭
```

```
1 2  3  -  -  | 5 5  3  -  -  | i i 5  6 6 5  5.  5 |
转个圈        挥挥手      再见吧再见吧我  的
```

```
6  7  i  -  | i  -  0  0  ‖
好  朋  友
```